Tessloffs Sach Bilderbuch

Von der Steinzeit zu den alten Römern

TESSLOFF

INHALT

4 HÖHLENBEWOHNER

6 DIE ERSTEN BAUERN

8 LEBEN IM ALTEN ÄGYPTEN

10 PYRAMIDEN

12 MUMIEN

14 IN DER GRABKAMMER

16 LEBEN ZU BIBLISCHER ZEIT

Idee und Konzeption Julia Bruce, Rachel Coombs, Nicholas Harris und Sarah Hartley, Orpheus Books Ltd.

Text Julia Bruce

Fachberatung Philip Wilkinson, Dr. Jolana Ascherl

Illustrationen Nicki Palin, Peter Dennis und Gary Hincks

ISBN-10: 3-7886-1449-8
ISBN-13: 978-3-7886-1449-2

18 **Die Stadt Babylon**

20 **Die alten Griechen**

22 **Das alte China**

24 **Die Chinesische Mauer**

26 **Das alte Rom**

28 **Römische Baukunst**

30 **Ein römisches Haus**

32 **Register**

Einführung

Erforsche die Welt, wie sie vor Tausenden von Jahren ausgesehen hat! Lerne die Erbauer der Chinesischen Mauer kennen und entdecke, wie ein Pharao zu einer Mumie wird. Marschiere mit römischen Legionen und schlendere durch die berühmten Hängenden Gärten von Babylon. Oder reise noch weiter zurück in die Vergangenheit und schau zu, wie die ersten Höhlenmalereien entstehen. Dieses Buch nimmt dich mit auf eine unvergessliche Reise durch die Vergangenheit!

HÖHLENBEWOHNER

Vor etwa 30000 Jahren begannen Steinzeitmenschen im heutigen Europa, die Wände ihrer Wohnhöhlen zu bemalen. Sie zeichneten meist Tiere und Jagdszenen. Andere Bilder ritzten sie mit scharfen Steinen in den blanken Fels.

In der Steinzeithöhle

Künstler malten Stiere, Hirsche, Pferde und Steinböcke auf die Höhlenwände. Dafür verwendeten sie Holzkohle oder feine Tonerde, so genannten Ocker. Sie machten Abdrücke von ihren Händen, indem sie Farbe aus dem Mund auf die gespreizten Finger bliesen. Möglicherweise ahmten sie bei Zeremonien in der Höhle Jagdszenen nach. Hier siehst du Steinzeitmenschen bei einem solchen Tanz. Sie tragen Tierfelle von Wildschweinen, Bären und Wölfen.

Die ersten Bauern

Viele Jahrtausende lang lebten die Steinzeitmenschen von der Jagd und von wilden Pflanzen. Auf der Suche nach Nahrung mussten sie oft von Ort zu Ort ziehen.

Vor etwa 11 000 Jahren wurde der Mensch schließlich sesshaft. Er hatte entdeckt, dass man bestimmte Pflanzen anbauen und Tiere wie etwa Ziegen züchten kann.

Ein Dorf in der Jungsteinzeit

Die Menschen begannen sich in kleinen Siedlungen niederzulassen, häufig nahe am Wasser, so wie in diesem nordeuropäischen Dorf. Sie rodeten Wälder, um Flächen für den Getreideanbau zu gewinnen. Nun konnten sie Gerste, Weizen und andere Getreidesorten anbauen und das Vieh weiden. Sie gingen außerdem zur Jagd und auf Fischfang. Die Dorfbewohner errichteten Hütten aus Holz und Stein, die sie mit Gras oder Schilf deckten. Für den Winter legten sie Essensvorräte an. Manche Menschen verbrachten ihre Zeit mit Nähen, Weben und Töpfern.

Leben im alten Ägypten

Vor etwa 5000 Jahren entstand in Ägypten an den Ufern des Nil eine große Kultur. Die Menschen lebten von der Jagd, dem Fischfang und dem Ackerbau. Sie waren außerdem geschickte Handwerker und Künstler. Altägyptische Könige, die Pharaonen, wurden von ihren Untertanen als Götter verehrt.

Jagd

Gefährliche Tiere wie Krokodile lauerten in den sumpfigen Ufern des Nil. Flusspferde waren ein großes Ärgernis für die Ägypter, weil sie die Felder zertrampelten und das Vieh erschreckten. Mutige Jäger erlegten sie mit speziellen Wurfspeeren.

Die Bauern benutzten einen Schaduf, um Wasser aus den Bewässerungsgräben zu schöpfen. An einem Ende war er mit einem Stein beschwert, am anderen Ende hing der Wassereimer.

Der Nil

Der Nil, der quer durch die heißen Wüsten Ägyptens fließt, war die Lebensader der alten Ägypter. Jedes Jahr trat er vier Monate lang über die Ufer und hinterließ eine fruchtbare schwarze Schlammschicht. Diese war ideal für den Anbau von Gerste und Emmer, eine Weizenart. Der Nil war auch die Tränke für Tiere wie Ochsen oder Ziegen. Mithilfe der Tiere wurde das Ackerland bestellt. Die Bauern lebten in einfachen Lehmhäusern neben ihren Feldern. Der Nil war außerdem eine wichtige Wasserstraße, auf der täglich Lastkähne flussauf- und flussabwärts fuhren.

PYRAMIDEN

Pyramiden sind riesige Grabmäler von Pharaonen. Die Cheops-Pyramide überragt mit ihren fast 147 Metern alle anderen Pyramiden.

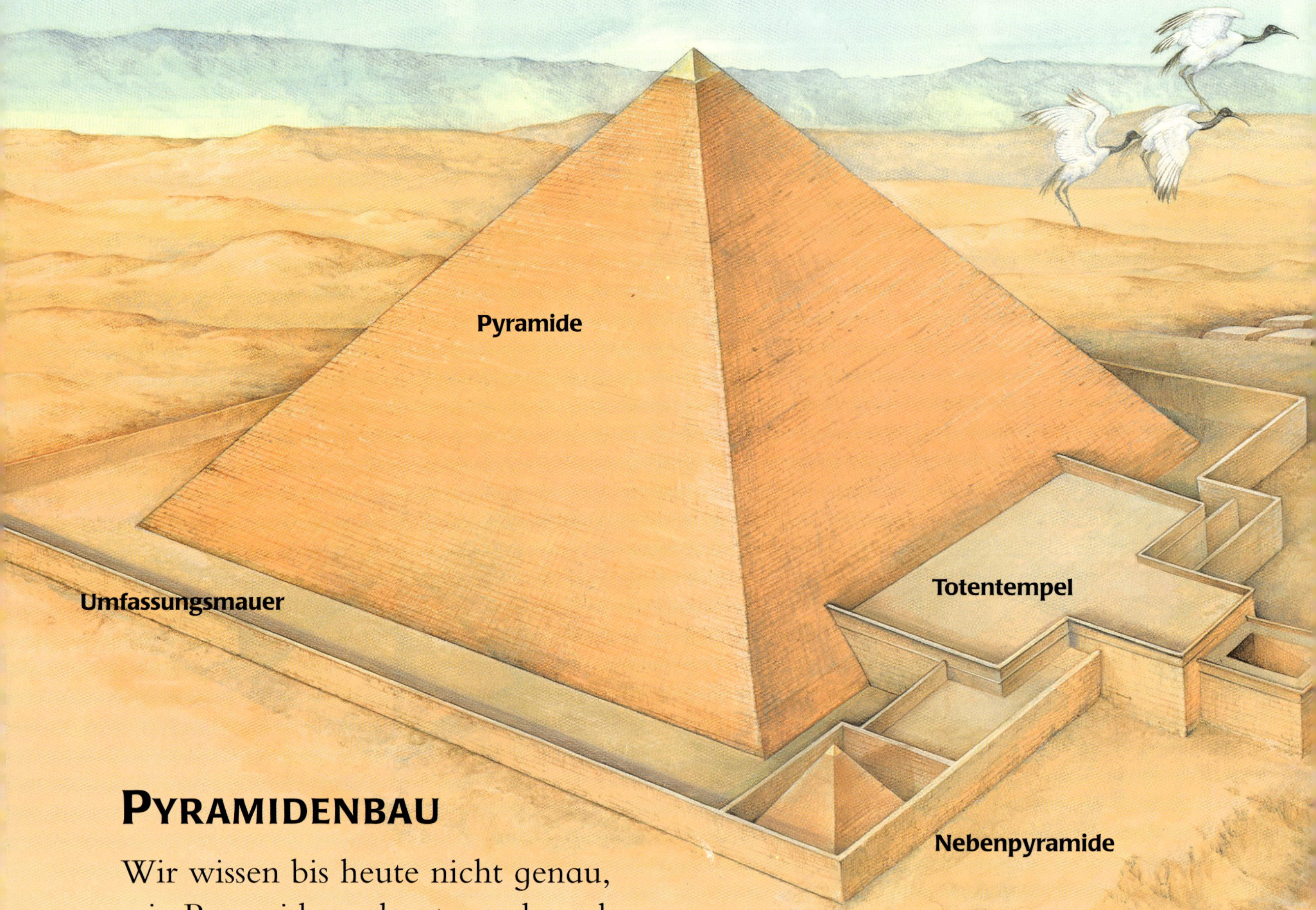

PYRAMIDENBAU

Wir wissen bis heute nicht genau, wie Pyramiden erbaut wurden, aber man vermutet, dass Arbeiter die großen Felsblöcke aus nahe gelegenen Steinbrüchen heranschleppten. Als die Pyramide höher wurde, errichtete man beim Bau wuchtige Rampen. Darauf zogen die Arbeiter das Baumaterial auf Schlitten nach oben. Zuletzt wurde die Pyramide mit glattem weißen Kalkstein überzogen, der sich mit der Zeit rötlich verfärbte. Ihre Spitze wurde vergoldet und funkelte in der Sonne.

Tausende von Arbeitern waren über zwanzig Jahre lang mit dem Bau einer einzigen Pyramide beschäftigt.

Die meisten dieser Pyramiden stehen noch heute an den Ufern des Nil, 4500 Jahre nach ihrer Erbauung.

In den Pyramiden

Im Inneren der Cheops-Pyramide von Gizeh befinden sich mehrere Gänge, Schächte und Grabkammern. Möglicherweise wurden sie gebaut, um Grabräuber in die Irre zu führen. Trotzdem sind viele Pyramiden geplündert worden.

Der Sarg des Pharao kam in die Königskammer.

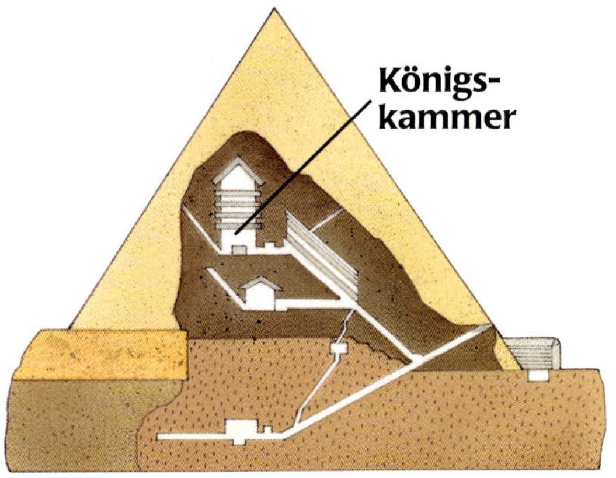

MUMIEN

Bei den alten Ägyptern wurde der Pharao als Gott verehrt. Man war davon überzeugt, dass er nach seinem irdischen Tod weiterleben würde, sofern sein Körper nicht verfiel. Um den Zerfall zu verhindern, wurde der Körper mumifiziert.

Hier wird der Leichnam des Pharao mumifiziert. Zuerst werden die Organe entnommen und in besonderen Gefäßen aufbewahrt. Danach wird der Körp• in Tücher gewickelt.

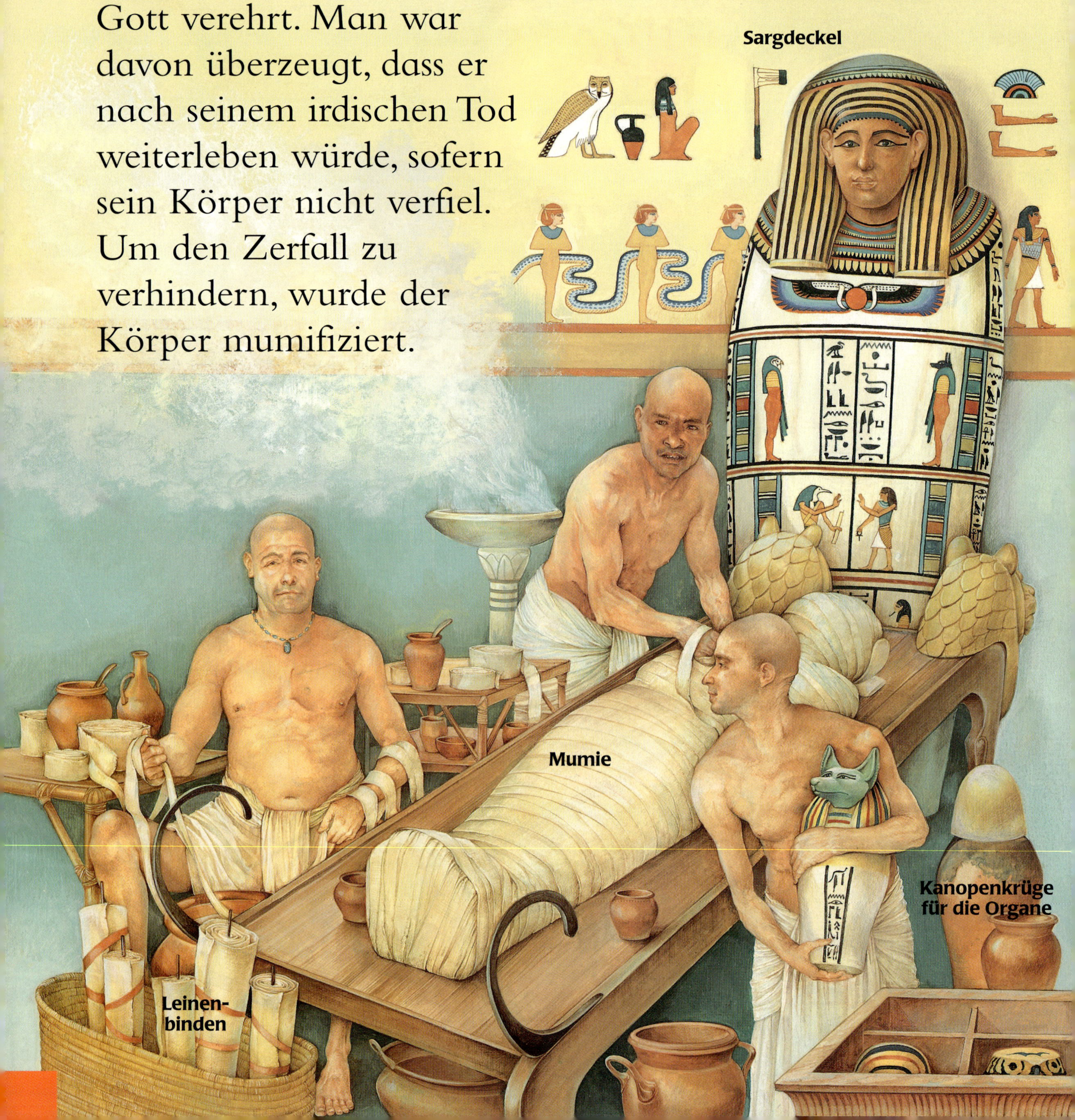

Die „Mundöffnung" war wichtiger Bestandteil der Beerdigungszeremonie eines Pharao. Damit wurde sichergestellt, dass dieser im nächsten Leben atmen, essen und sprechen konnte. Hier stützt ein Priester, der als schakalköpfiger Gott Anubis verkleidet ist, die Mumie. Anubis war der Gott der Mumifizierung.

Die Mumifizierung

Zuerst wurden Gehirn, Lunge, Leber und andere Organe entfernt und in speziellen Gefäßen, so genannten Kanopenkrügen, aufbewahrt. Das Herz blieb im Körper, da man es für das Denk-Organ hielt, das in der Nachwelt noch gebraucht werden würde. Der Körper wurde mit Natron, einem Salz, getrocknet, mit Sägemehl ausgefüllt und mit Gewürzen und Harz eingerieben. Schließlich wickelte man ihn vorsichtig in Leinenbinden.

Das Gesicht des Pharao

Einige Mumien von Pharaonen sind bis heute erhalten. Dies ist die Mumie von Ramses II. Er regierte 66 Jahre lang. Dieser mächtige Herrscher hinterließ mehr als 100 Nachkommen!

In der Grabkammer

Der mumifizierte Körper eines Pharao fand seine letzte Ruhe in einem Steinsarg oder Sarkophag. Priester sprachen Gebete für Ka, den Geist des Toten. Wertsachen und Dinge, die der Pharao im nächsten Leben brauchen würde, wie Nahrung, Wein, Möbel und Schmuck, türmten sich in der Grabkammer auf.

Wertvolle Grabbeigaben des Pharao

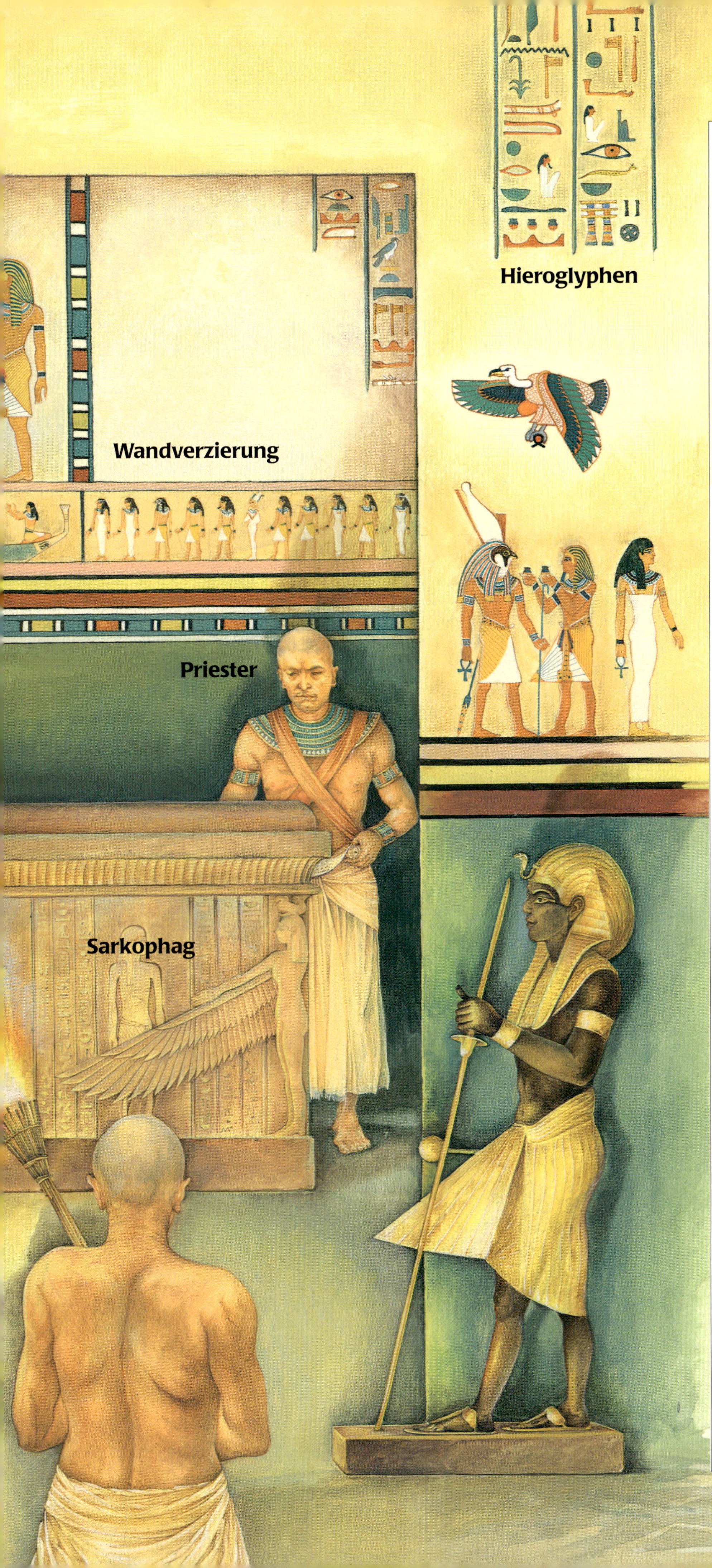

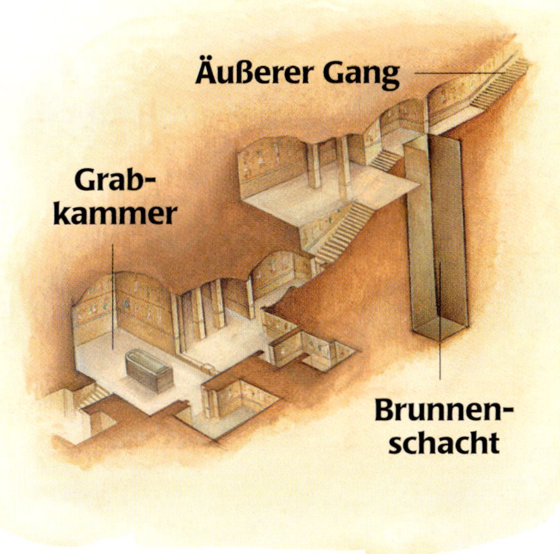

Das Tal der Könige

Pharaonen wurden meist in Pyramiden bestattet. Diese wurden allerdings häufig von Grabräubern geplündert. Um sich davor zu schützen, begrub man spätere Pharaonen in Grabkammern, die im Tal der Könige aus dem Fels gehauen wurden. Einige besaßen einen Brunnenschacht, durch den das Wasser bei Überflutung abfließen konnte. Der Schacht sollte auch Grabräubern den Weg versperren. Die Grabkammer lag versteckt hinter vielen Räumen und Gängen. Der Eingang war mit schweren Felsblöcken versperrt.

Leben zu biblischer Zeit

Vor 3000 Jahren lebte das Volk der Hebräer in Israel. Nach biblischer Überlieferung kam es aus der ägyptischen Verbannung. Hin und wieder kam es zu Auseinandersetzungen mit den Philistern, die ebenfalls dort ansässig waren. Die Hebräer besiedelten das Land als Schafhirten und Ackerbauern.

Ein Schafhirte

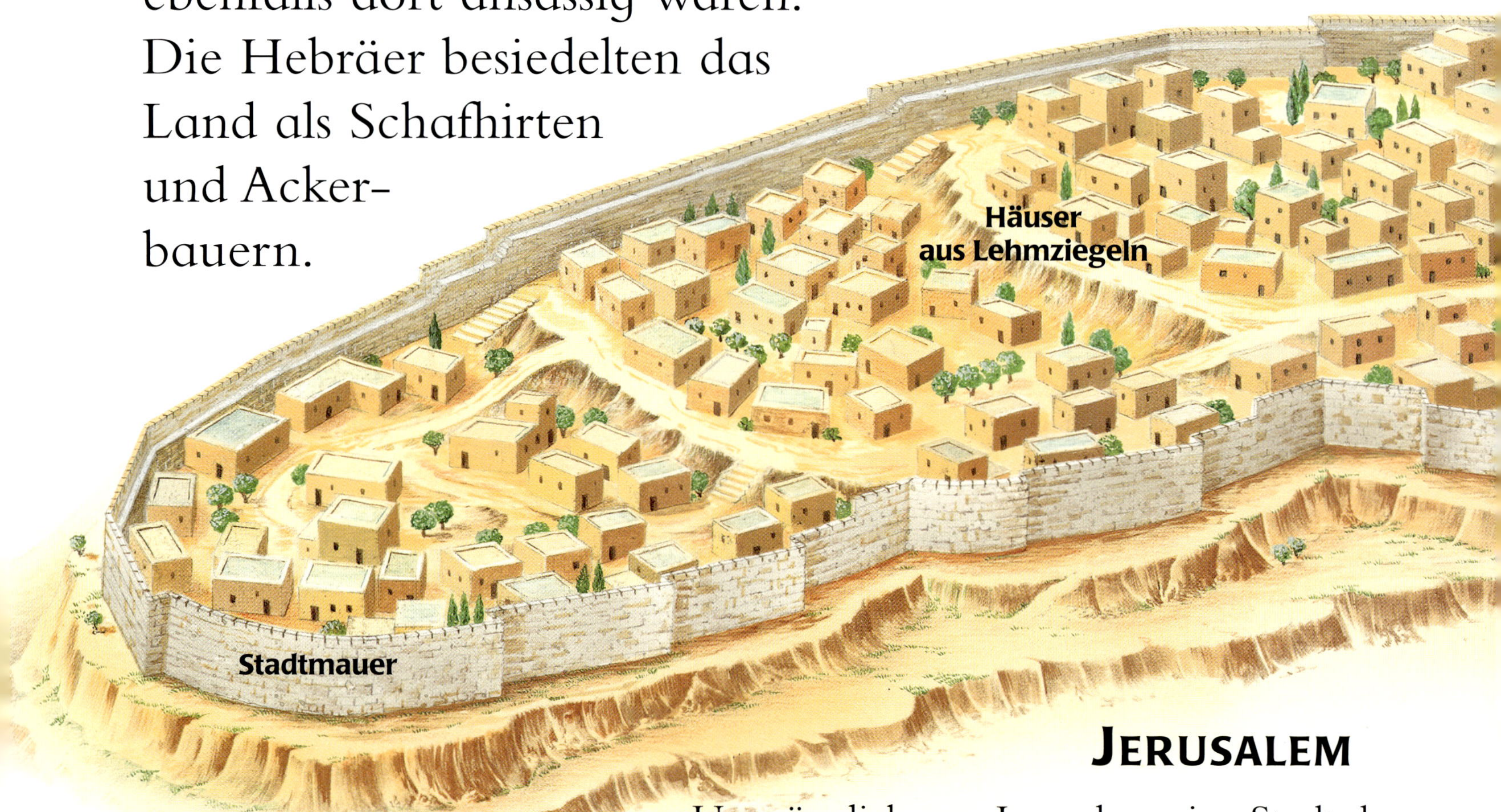

Jerusalem

Ursprünglich war Jerusalem eine Stadt der Jebusiter. Sie war durch dicke Stadtmauern gut vor Feinden geschützt. Dennoch eroberte der hebräische König David die Stadt Jerusalem und machte sie zu seiner Hauptstadt. Um seinen Sieg zu unterstreichen, ließ er im Norden einen großen Palast errichten.

Jerusalem liegt auf einer Anhöhe, die auf drei Seiten steil abfällt.

Der Tempel

Davids Sohn, König Salomon, ließ zu Ehren des hebräischen Gottes Jahwe einen prächtigen Tempel (*rechts*) errichten. Er war aus Stein, Zypressen- und Zedernholz, Bronze und Gold erbaut. In diesem Tempel wurde die Bundeslade mit den Zehn Geboten aufbewahrt.

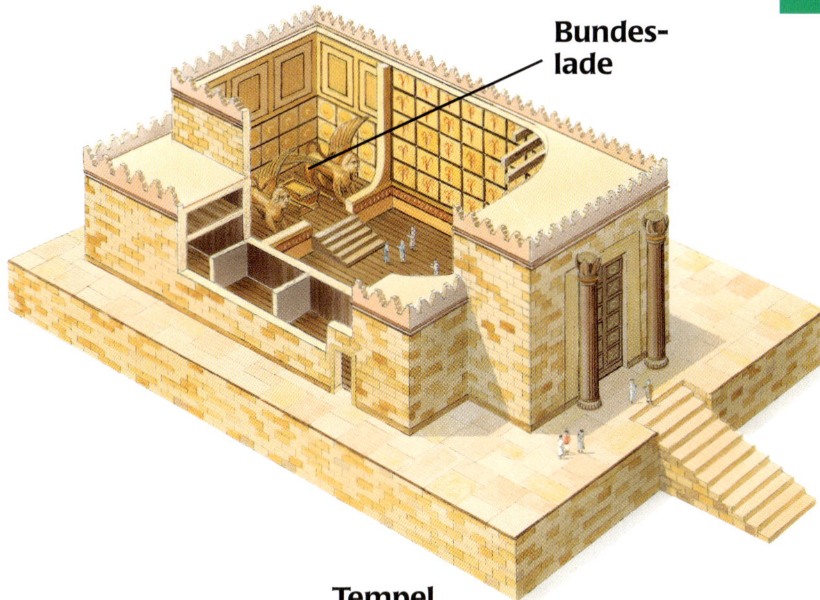

Die Stadt war durch dicke Steinmauern geschützt. An den Stadttoren standen Wachen.

Ein typisches Haus bestand aus Lehm, der weiß gestrichen wurde, um die glühenden Sonnenstrahlen zu reflektieren. Das Haus besaß zwei Ebenen. Auf dem flachen Dach wurden Früchte getrocknet. In heißen Nächten schliefen dort oft die Bewohner des Hauses.

Die Stadt Babylon

Unter König Nebukadnezar II wurde Babylon eine der reichsten Städte der Welt. Vorher hatten kriegerische Assyrer die Stadt beherrscht und sie schließlich zerstört. Als Nebukadnezar im Jahr 604 vor Christus zum König gekrönt wurde, wandelte sich das Schicksal Babylons. Als großer Feldherr schuf er ein riesiges Reich. Mit den Reichtümern der Eroberungszüge baute er die Stadt wieder auf.

Das Ischtar-Tor war der nördliche Zugang zur Stadt Babylon.

Zikkurat

„Zikkurat" war das akkadische Wort für Bergspitze. Zikkurats waren stufenförmige Pyramidentürme mit einem Tempel auf ihrer Spitze. Sie wurden im Nahen Osten vor Tausenden von Jahren erbaut. Man sah in ihnen eine Verbindung zwischen Himmel und Erde. König Nebukadnezar errichtete in der Mitte Babylons einen riesigen Zikkurat-Tempel für den Gott Marduk.

Die Hängenden Gärten

Nebukadnezar ließ die Hängenden Gärten für seine Frau Amytis anlegen, als Erinnerung an die grünen Hügel ihres Heimatlandes Medien. Pumpen beförderten Flusswasser in die Gärten, das dort als kühlendes Rinnsal herabfloss. Leider ist heute nichts mehr von den Gartenanlagen erhalten.

Man nimmt an, dass sich die üppigen Terrassengärten auf überdachten Bogengängen befanden.

Die alten Griechen

Die griechische Stadt Athen war um das Jahr 440 vor Christus reich und mächtig. In ihrem Zentrum lag der Marktplatz, die Agora. Dort wurden Waren und Sklaven gehandelt und öffentliche Versammlungen einberufen. Auf einem Hügel in der Stadt stand der Parthenon. Dieser Tempel war der Göttin Athene geweiht.

In einem Theater saß das Publikum auf steinernen Sitzreihen unter freiem Himmel. Alle Schauspieler waren Männer. Sie trugen Masken, die ihre Rolle verdeutlichten, sodass man die Charaktere auch noch in der letzten Reihe erkennen konnte.

Freizeit

Das Theater war bei Frauen und Männern sehr beliebt. Die Griechen waren aber auch vom Sport begeistert. Die antiken Olympischen Spiele wurden alle vier Jahre abgehalten. Nur Männer durften daran teilnehmen.

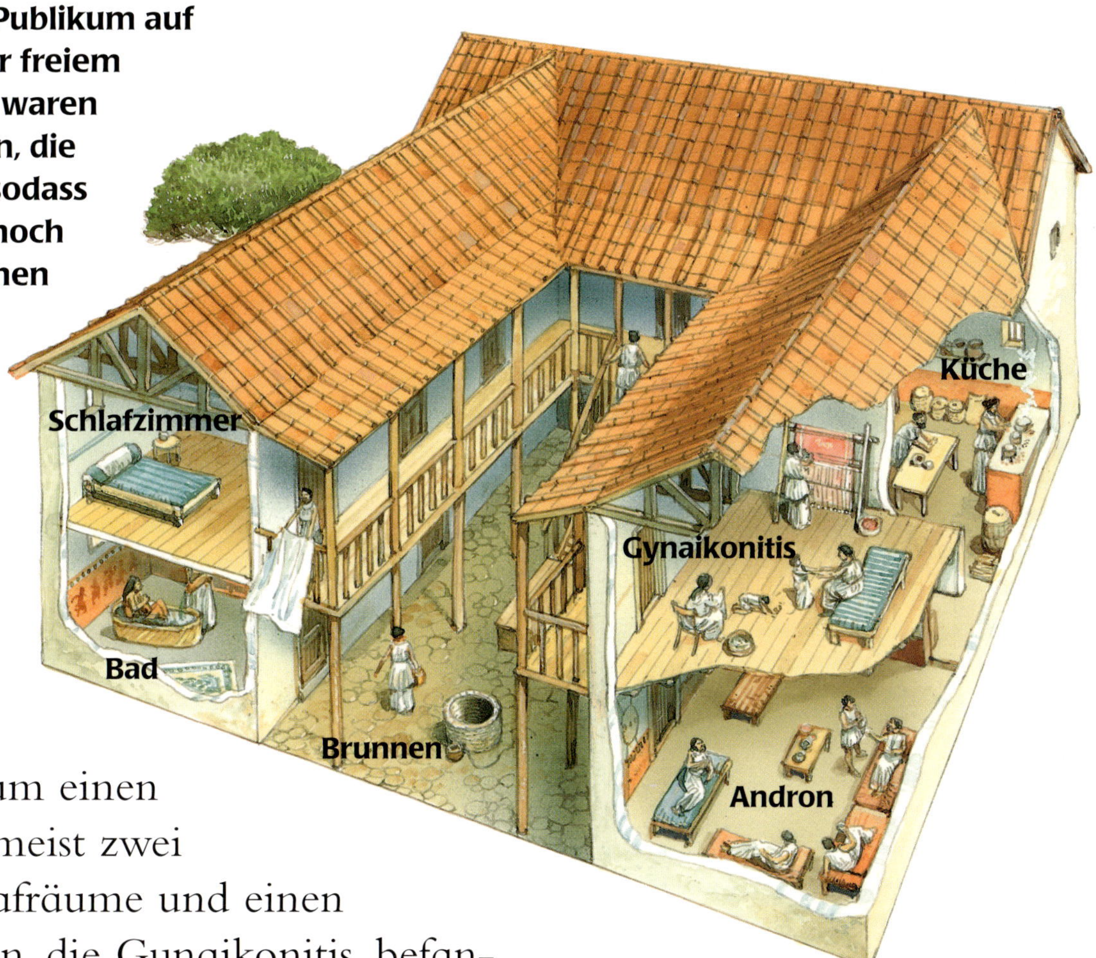

Ein griechisches Haus wurde aus Holz und Lehmziegeln erbaut. Das Dach war mit Tonziegeln gedeckt.

Zuhause

Das Haus eines wohlhabenden Griechen war normalerweise rund um einen Hof erbaut. Es hatte meist zwei Stockwerke. Die Schlafräume und einen Bereich nur für Frauen, die Gynaikonitis, befanden sich im Obergeschoss. Die Küchenräume, das Bad und das Esszimmer der Männer, der Andron, waren im Erdgeschoss. Sklaven bereiteten die Mahlzeiten zu und erledigten alle Hausarbeiten.

Das alte China

Qin Shi Huangdi war Chinas erster Kaiser – ein überaus mächtiger Herrscher. Er beendete jahrelange Kriege und erzwang Ordnung im Land, indem er seine Gegner töten ließ. Seine Gesetze waren sehr streng. Die Bauern mussten Steuern zahlen. Für alle wurden die Währung, die Gewichtsmaße und die Schriftzeichen vereinheitlicht. Qin Shi Huangdi ordnete zudem den Bau neuer Straßen quer durch das Land an.

Die Terrakotta-Armee

Trotz seiner großen Macht gab es eine Sache, vor der sich Qin Shi Huangdi fürchtete – den Tod. Daher schmiedete er ausgeklügelte Pläne für sein Begräbnis. Als er im Jahr 210 vor Christus starb, wurden mehrere tausend lebensgroße Soldaten und Dutzende von Pferden aus Terrakotta – gebranntem Ton – in seiner Grabanlage eingeschlossen. Sie sollten den Geist des Kaisers beschützen. Jede Tonfigur war einem lebenden Vorbild nachempfunden. Keine glich einer anderen. Ursprünglich waren sie in kräftigen Farben bemalt und führten echte Waffen mit sich.

Die alten Chinesen waren einfallsreiche Erfinder. Sie haben nicht nur das Schießpulver, Raketen und das Papier erfunden, sondern auch einen Erdbebenmelder. Wurde das Gerät von einem Beben erschüttert, fiel eine Kugel aus einem der acht Drachenmäuler in das Maul einer der Kröten. Daran konnte man die Richtung der Erdstöße ablesen.

DIE CHINESISCHE MAUER

Im Jahr 214 vor Christus befahl Kaiser Qin Shi Huangdi den Bau einer großen Mauer, um den Norden Chinas vor Angriffen zu schützen. Diese wurde erst im 15. Jahrhundert mit Ziegeln verstärkt.

Der Bau

Die Chinesische Mauer wurde von mehr als 300 000 Soldaten, Bauern, Sklaven und Sträflingen erbaut. Man verwendete Steine aus nahe gelegenen Steinbrüchen, Holz und Erde. Viele Arbeiter starben beim Bau. In den Wachtürmen entlang der Mauer waren Soldaten stationiert. Diese gaben einander durch Rauchzeichen Nachrichten, die in weniger als 24 Stunden über mehrere tausend Kilometer von einem Ende der Mauer zum anderen übermittelt werden konnten.

Das alte Rom

Vor 2000 Jahren beherrschten die Römer weite Teile Europas und daran angrenzende Gebiete. Sie brachten auch ihre Kultur in die eroberten Länder und erbauten dort Straßen, Aquädukte und herrliche Gebäude. Viele Menschen erlernten die Sprache der Römer, das Latein, in Wort und Schrift.

Das römische Heer

Die Römer eroberten ihr riesiges Reich durch eine gut ausgebildete und gut organisierte Armee. Die normalen Fußsoldaten hießen Legionäre (*rechts*). Ihre Vorgesetzten waren Zenturionen (*links*). Das römische Heer gewann stetig an Macht. Es schlug im ganzen Reich Aufstände nieder und bestimmte sogar die Wahl des Kaisers.

Ein Schilddach oder Testudo schützte die Fußsoldaten vor tödlichen Pfeilen.

Eine Standarte war das Erkennungszeichen jeder Legion und ihrer Abteilungen, der Zenturien. Diese Feldzeichen wurden vom Aquilifer (*links*) und vom Signifer (*unten*) in die Schlacht getragen.

Das Römische Reich

Im Jahr 117 nach Christus erstreckte sich das Römische Reich von England bis zum Nahen Osten. Heute befinden sich auf diesem Gebiet mehr als 40 Staaten. Die Römer regierten ihr Reich gut und schützten es vor fremden Eroberern. Das Reich überdauerte fast 500 Jahre.

Römische Baukunst

Die Römer waren ausgezeichnete Baumeister und Ingenieure. Sie bauten quer durch ihr Reich Straßen, die Tausende von Kilometer lang waren. Sie errichteten auch große Aquädukte: lange, steinerne Kanäle, über die das Wasser aus Seen und Flüssen in die Städte geleitet wurde.

STRASSENBAU

Römische Straßen wurden für die Ewigkeit gebaut. Die Arbeiter hoben eine Vertiefung aus und festigten den Untergrund. Mit einer Lage Sand wurde die Straße eingeebnet. Darauf kamen Steine, Lehm und schließlich eine Schicht römischen Betons aus Steinen und zermahlenen Ziegeln. Eine erneute Schicht Beton oder flache Platten dienten als Straßenpflaster.

Aquädukte stellten für die römischen Ingenieure eine große Herausforderung dar. Die Leitungen mussten über ihre gesamte Länge eine leichte Neigung aufweisen, damit das Wasser fließen konnte. Dort, wo ein Aquädukt über ein Tal führte, errichtete man riesige Stein- oder Ziegelbögen. Einige dieser Aquäduktbrücken stehen noch heute.

In manchen Häusern lagen die Schlafzimmer im oberen Stockwerk. Hier führen sie hinaus auf einen ruhigen, mit Säulenhaus (Peristyl) umgebenen Garten.

Ein römisches Haus

Wohlhabende Römer besaßen ein großes Stadthaus, genannt Domus. Von außen sah das Haus gewöhnlich aus, das Innere war jedoch prachtvoll eingerichtet. In der Mitte befand sich ein nach oben offener, lichtdurchfluteter Raum, das Atrium.

Nur wenige Fenster oder Türen gingen zur lauten Straßenseite hinaus. Dort wurden die unteren Zimmer häufig an Ladeninhaber und Händler vermietet.

Leben in einem Domus

In der Mitte des nach oben offenen Atriums war ein Auffangbecken für Regenwasser eingelassen. Das Atrium war kunstvoll verziert. Dort empfing man die Gäste des Hauses. Das Speisezimmer und die Schlafzimmer waren sparsam möbliert, die Wände aber reich dekoriert. Im Haus gab es außerdem fließendes Wasser und eine Fußbodenheizung.

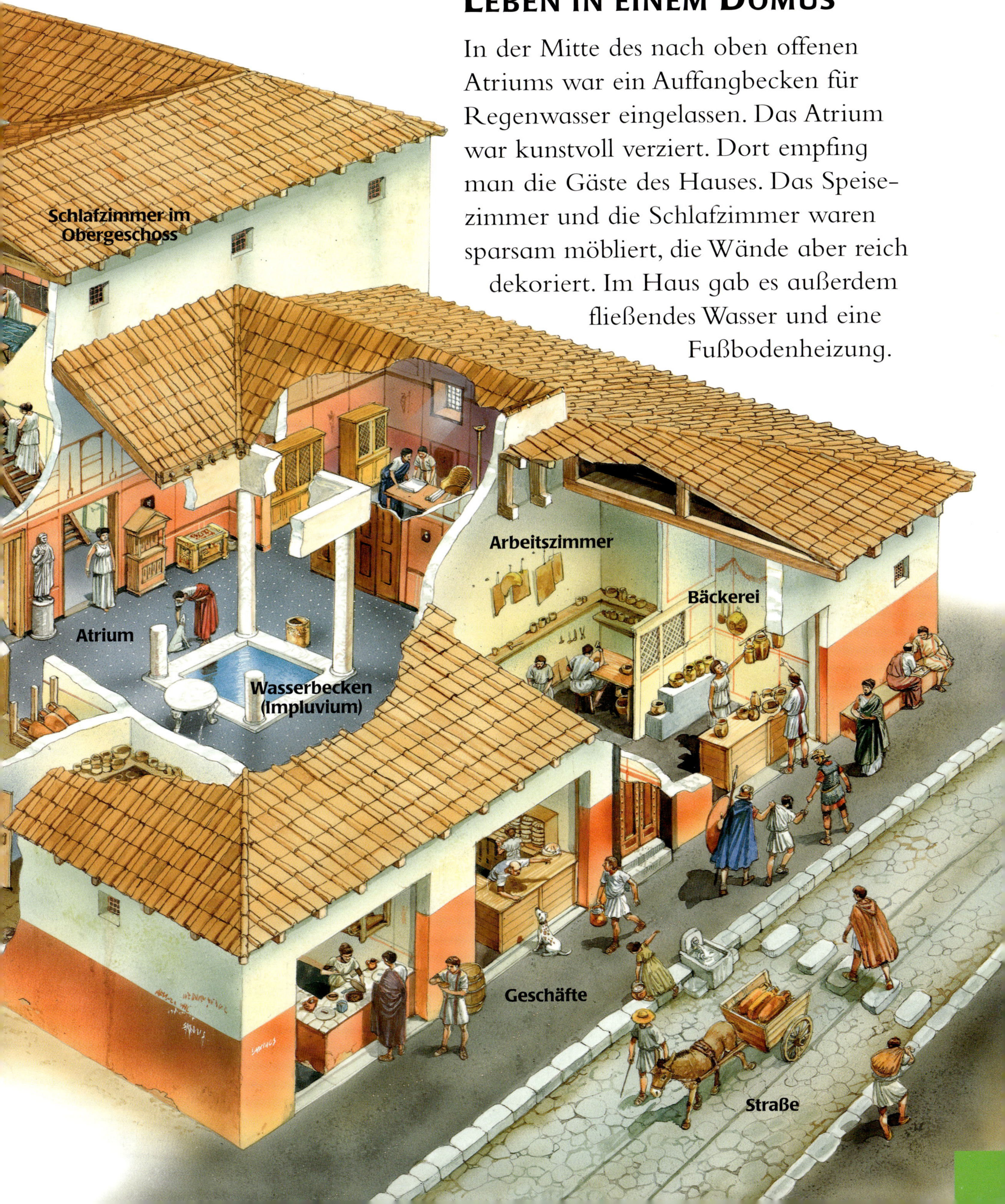

Register

A
Ackerbau 6-9, 16
Agora 20
Ägypten 8-9, 12
Altar 7
Amytis 19
Andron 21
Anubis 13
Aquädukt 26, 28-29
Aquilifer 27
Assyrer 18
Athen 20
Athene 20
Atrium 30-31

B
Babylon 18-19
Bauern 6, 8-9
biblische Zeit 16
Bootsbau 7
Bundeslade 17

C
China 22-24
Chinesische Mauer 24-25

D
Domus 30-31

E
Erdbebenmelder 23
Europa 4, 26

F
Fischfang 7-8
Flusspferd 8
Fußbodenheizung 31

G
Gallien 27
Getreide 6-7, 9
- Emmer 9
Gizeh 11
Grabkammer 11, 14-15
Grabräuber 11, 15
Griechenland 20-21, 27
Gynaikonitis 21

H
Handwerker 8
Hängende Gärten 19
Hebräer 16
Hieroglyphen 15
Höhlen 4
Höhlenmalerei 4-5
Holzkohle 5
Hüttenbau 6-7

I
Israel 16

J
Jagd 6-8
Jahwe 17
Jerusalem 16
Judäa 27

K
Kleinasien 27
König David 16-17
König Salomon 17
Königskammer 11
Korbflechten 6
Krokodil 8

L
Latein 26
Lehmziegelhaus 9, 16-17
Leinenbinde 12-13

M
Marduk 19
Mastaba 11
Mittelmeer 27
Mumie 12-14
Mumifizierung 12-14

N
Naher Osten 19, 27
Nebukadnezar 18-19
Nil 8-9, 11

O
Ocker 5
Olympische Spiele 21

P
Parthenon 20
Peristyl 30
Pharao 8, 10-14
- Bestattung 13-14
- Grabbeigaben 14
- Organe 12-13
Philister 16
Pyramide 10-11, 15
- Bau 10-11
- Brunnenschacht 15
- Cheops-Pyramide 10

Q
Qin Shi Huangdi 22-24

R
Ramses II 13
Rodung 7
Rom 27
Römer 26
- Baukunst 28
- Häuser 30
- Heer 26–27
- Reich 26
- Straßen 28–29

S
Sarkophag 14-15
Schaduf 8
Schafhirten 16
Signifer 27
Sklaven 20
Soldaten 20
Stadtmauer 16
Standarte 27
Steinzeit 4-7
- Dorf 7

T
Tal der Könige 15
Taltempel 11
Tempel 17, 19
Terrakotta-Armee 23
Testudo 27
Theater 21
Tierzucht 6
Tontöpfe 6-7
Totentempel 10

V
Vieh 8

W
Wurfspeer 8
Wüste 9

Z
Zikkurat 19